Komposition IV von Wassily Kandinsky. Bildanalyse, Geschichte und Deutung

Lieselotte Benedict

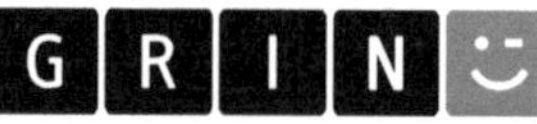

Bibliografische Information der Deutschen Nationalbibliothek:

Die Deutsche Nationalbibliothek verzeichnet diese Publikation in der Deutschen Nationalbibliografie; detaillierte bibliografische Daten sind im Internet über http://dnb.d-nb.de abrufbar.

ISBN: 9783668083103
Dieses Buch ist auch als E-Book erhältlich.

© GRIN Publishing GmbH
Trappentreustraße 1
80339 München

Druck und Bindung: Books on Demand GmbH, Norderstedt Germany
Gedruckt auf säurefreiem Papier aus verantwortungsvollen Quellen

Das vorliegende Werk wurde sorgfältig erarbeitet. Dennoch übernehmen Autoren und Verlag für die Richtigkeit von Angaben, Hinweisen, Links und Ratschlägen sowie eventuelle Druckfehler keine Haftung.

Das Buch bei GRIN: https://www.grin.com/document/294320

Lieselotte Benedict

Wassily Kandinsky
KOMPOSITION IV

Referat im

Kunsthistorischen Hauptseminar
von Prof. Dr. Klaus Lankheit
„Der Blaue Reiter"

Universität Karlsruhe

INHALT

BILDANALYSE

Die Komposition IV von Kandinsky ist 160 x 250 cm groß, ein Breitformat in Öl auf Leinwand gemalt. In der linken unteren Ecke trägt das Bild die Signatur „Kandinsky 1911". Das Werk befindet sich in Düsseldorf in der Kunstsammlung Nordrhein-Westfalen im Schloss Jägerhof.

Dargestellt ist eine Komposition aus Linien, Formen und Farben. Der diagonale Bildaufbau ruft den Eindruck der Bewegung von links unten nach rechts oben hervor. Wird dieser diagonale Sog am Anfang noch durch Gegenbewegungen gehemmt, so werden diese seltener, je mehr sich Formen, Farben und Linien der rechten oberen Bildecke nähern.

Versucht der Betrachter das Bild von links nach rechts zu lesen, so wird ihm dies durch diagonale Gegenbewegungen von Linien und Farben erschwert. Wie Stacheln anmutende vertikale Striche versuchen ihm den Zugang zu versperren. Versucht er nun das Bild vom Mittelpunkt ausgehend zu erfassen, so erschweren ihm zwei baumstammartige breite, vertikal aufsteigende Linien, die den oberen und unteren Bildrand anschneiden, den Zutritt.

Diese, wie Repoussoirs wirkenden breiten, schwarzen, sich nach oben verjüngenden Linien verlaufen wenig links von der senkrechten Mittelachse. Sie teilen das Bild in eine linke bewegtere und eine rechte ruhigere Hälfte.

Der Eindruck der Unruhe in der linken Hälfte entsteht durch die Verschiedenartigkeit der Linien und die Verteilung der Farben. Wir sehen links breite, ausgefranste Zickzacklinien; parallele kurze, wie Nadeln wirkende Striche; bündelweise angeordnete, unregelmäßig verlaufende, hochragende Linien von unregelmäßigem Druck und schnellem Richtungswechsel, spitz auslaufend, gegeneinander aufgerichtet, sich ineinander verschlingend. Farben mit Linien oder Farben ohne Linien formen kleine, unregelmäßíge Motive, die, nach oben ineinander übergehend, den lichtstarken Hintergrund des Liniengeschehens bilden.

Rechts führen die Linien nicht das ausgeprägte Eigenleben wie auf der linken Seite. Sie sind hauptsächlich als Konturen eingesetzt. Sie verlaufen meist ruhig und gleichmäßig, von weinigen spitzen Winkeln unterbrochen, Verraten auch die drei Parallelen, die sich von der Mitte des unteren Bildrandes nach rechts hinziehen, eine große innere Unruhe, so stimmen sie doch in die allgemeine Richtung mit ein. Nur wenige Gegenbewegungen sind vorhanden, doch sie wirken eher stützend als hemmend. Große Farbformen verstärken den Eindruck der Ruhe.

Eine Teilung des Bildes an der waagerechten Mittellinie zeigt, daß auch die nun entstehenden beiden Bildteile nicht gleich bewegt sind. Der untere Teil mutet ruhiger, schwerer an, der obere leichter, bewegter. Während im oberen Teil die Farbe wie ein schwebendes, bewegtes dem diagonalen Sog untergeordnetes Element anmutet, ist sie im unteren Teil des Bildes abgegrenzt, von breiten oder weniger breiten Linien eingefangen. Die so entstehenden Flächen sind durch ineinander übergehende Farbnuancen modelliert. Linien und Farben haben hier noch eine direkte Beziehung zueinander, während in der oberen Bildhälfte sich Strich und Farbe getrennt der Gesamtkomposition unterordnen.

Die dominierenden Farben des Bildes sind Zitronengelb und Kobaltblau. Als Nebenfarben erscheinen Zinnoberrot, Smaragdgrün, Violett, Weiß und Schwarz. Auffallend bei der Farbanordnung ist der blau-gelbe Komplementärkontrast. Weniger direkt, aber dennoch vorhanden, der Komplementärkontrast rot-grün. Den Übergang zwischen den intensiven Farben bilden transparente Weißmischungen. Die lieblich-süße Farbgebung steht in beunruhigendem Kontrast zu dem oft rauen, spitzen, schwarzen Liniengefüge.

Durch die Schichtung der verschiedenen Formen entsteht eine räumliche Perspektive, die noch durch die Größe der Figuren im Vordergrund verstärkt wird. Der Berg in der vorderen Mitte erlangt durch Farbe und Ausmaße beherrschenden Charakter. Er füllt etwa ein Fünftel der Bildfläche, die in hellen transparenten Gelb-weiß-blau-Tönen gemalt ist, die an der oberen Begrenzungslinie in ein dichtes Blau übergehen. Der Übergang wird in der linken oberen Hälfte von kleinen roten und rosa Farbtupfern durchbrochen. In ihrer Anordnung erinnern sie an kleine Häuschen mit roten Dächern.

Der „Berg" wird von einem fünfeckigen Liniengebilde überragt. Links daneben, wo sich die Linien im spitzen Winkel gegeneinander erheben, kommt es zu dramatischen Verschlingungen. Durch sie schwingt sich in einer Gegenbewegung eine von spitzen Linienbündeln angestochene tierkopfähnliche Form auf einen Regenbogen zu. Dieser schafft die Verbindung zwischen dem großen blauen Berg in der Mitte und den links daneben angeordneten Berghängen. Parallele Striche in der Gegenbewegung zum unteren Berghang richten ihre Spitzen auf eine runde, gelbe, dunkel umrandete sonnenähnliche Scheibe, die sich schutzsuchend hinter den blauen Berg zu ducken scheint. Von dieser Scheibe geht eine direkte Verbindung über die Bilddiagonale zu einem anderen sonnenähnlichen Gebilde in der rechten oberen Ecke des Bildes. So beengt die untere Kreiskomposition wirkt, so befreit wirkt die obere. Sie schwebt auf durchsichtig weißem Grund in hellen Gelbtönen dahin. Die rosa-lila Umrandung ist gesprengt. Sie zieht an hochragenden Türmen vorbei, dem allgemeinen Sog folgend, nach rechts oben. Die Türme überragen einen spitzen, hellgelben Berg, der aus lila blauen Wolken emporzusteigen scheint. Seine Begrenzungslinien stehen in ihrem Zickzackverlauf sehr im Gegensatz zu der ruhigen Umrandung des blauen Berges. Eine formale Verbindung der blauen Berge entsteht durch die davor gelagerte Figur, die sich von der unteren Bildmitte diagonal nach rechts bis zur Mittellinie hinzieht.

Durch den Eindruck der Schwere in der unteren Bildhälfte und des Leichten, Schwebenden in der oberen werden

Erinnerungen an eine Landschaft hervorgerufen, durch die Motive im Vordergrund, die sich als Berghänge, Regenbogen, Sonne, Berge, Häuser und Türme deuten lassen, an eine Berglandschaft .Im zweiten Plan spielt sich Bedrohliches ab, jedoch wird alles Geschehen von einem freundlichen Himmel überspannt.

BILDGESCHICHTE

Die Komposition IV entstand im Februar 1911 und wurde bei der Neuen Sezession in Berlin im gleichen Jahr ausgestellt.

Kandinsky war sparsam mit der Vergabe des Titels „Komposition". In seinen Kompositionen, die aufgrund von Vorstudien und Entwürfen entstanden waren, sah er seine wichtigsten Werke. Er sagte 1913 in den „Rückblicken": „Bei dem Wort „Komposition" wurde ich innerlich erschüttert und stellte später zu meinem Lebensziel eine „Komposition" zu malen. Dieses Wort selbst wirkte auf mich wie ein Gebet. Es erfüllte mich mit Ehrfurcht" (1).

In dem 1926 erschienenen Band „Punkt und Linie zu Fläche" definiert Kandinsky den Begriff „Komposition" wie folgt:

„Die Komposition ist die innerlich-zweckmäßige Unterordnung 1. der Einzelelemente und 2. des Aufbaues (Konstruktion) unter das konkrete malerische Ziel" (2)

Grohmann (3) sieht in der Komposition IV eine wichtige Etappe Kandinskys auf seinem Weg zur Abstraktion. In dem 1966 erschienen Katalog zu Kandinskys retrospektiver Ausstellung erklärt Grohmann seine Ansicht, indem er zuerst auf das 1909 entstandene Bild „der blaue Berg" hinweist, wo noch Anspielungen auf Gegenstände zu finden seien, die aber bereits bei der Komposition III, 1910 entstanden, verschwunden seien; dann weist er auf Komposition IV hin indem er sagt: „···et la voie est libre pour le débordement qui s'effectue et qui atteindra son apogée dans la Composition IV".

Nach Grohmann war Kandinskys Komposition IV sehr erfolgreich. Die Tatsache, daß ein Aquarell dieser Komposition in dem Almanach „Der Blaue Reiter" erschienen war, habe zu ihrer „Wertschätzung" beigetragen.

VORSTUDIEN UND VARIATIONEN

Zur Komposition IV sind mehrere Vorstudien bekannt: zwei Zeichnungen, ein Aquarell, und ein Ölbild, auf dem die linke Seite der Komposition IV zu sehen ist, und das sich in der Tate Gallery in London befindet.

Die bei Grohmann auf Seite 122 abgebildete und von ihm als erste Zeichnung angegebene Vorstudie, hat schon dieselben Proportionen wie das endgültige Gemälde und zeigt die Hauptlinien der Komposition. Auf Seite 119 bei Grohmann ist die sogenannte zweite Zeichnung abgebildet. Diese zweite Zeichnung enthält schon Einzelheiten, so daß die verschiedenen Kompositionselemente erkennbar sind.

Das vorgenannte Ölgemälde, mit den Maßen 94 x130cm, das sich in der Tate Gallery in London befindet, ist in der rechten unteren Ecke „Kandinsky 1910" signiert. Die Jahrangabe 1910 lässt vermuten, daß dieses Bild noch vor dem ersten Aquarell entstanden ist. Das Londoner Werk zeigt die etwas in die Breite gezogene linke Hälfte der Komposition IV. Hier setzt Kandinsky Fenster in das fünfeckige diaphane Gebilde über dem blauen Berg, das so einen burgähnlichen Charakter erhält. Ein weiteres Detail, das in der Komposition IV nicht vorhanden ist, sind ornamentale Blitze im oberen Bilddrittel.

Zur Komposition IV sind zwei Aquarelle bekannt. Auf dem einen Aquarell sind Rasterlinien zu erkennen; Grohmann schließt daraus, dass dieses Aquarell vor der Erstfassung liegt. Da das andere Aquarell eine überarbeitete Variante für den Almanach ist, muss es später entstanden sein.

Dieses Aquarell entspricht der endgültigen Fassung, obwohl diese noch um kleine Details bereichert ist. Wie zum Beispiel die Unterbrechung der beiden schwarzen Linien im Vordergrund durch gelbe und braune Farbpunkte. Das tierkopfähnliche Gebilde am linken Bildrand ist im Aquarell nur als kleine Farbfläche angedeutet. Die Striche darunter sind weniger ausgeprägt. Die Sonne in der oberen Bildecke ist durch die angedeuteten Strahlen besser als solche zu erkennen. Die Wolken, aus denen der gelbe Berg emporsteigt, erscheinen unbedeutender.

Das zweite Aquarell, 15 x 22,5 cm groß, entstand 1911 für die Reproduktion im Almanach „Der Blaue Reiter". Es wurde zu diesem Zweck überarbeitet und weicht ebenfalls in Details von dem hier zu betrachtenden Werk ab. Das tierkopfähnliche Gebilde am linken Bildrand, sowie die parallelen Striche am unteren Berghang fehlen. Die sonnenähnliche Scheibe hinter dem blauen Berg ist unruhiger gestaltet. Den schwarzen breiten Linien im Vordergrund fehlt die gelb-braune Unterbrechung. Das sich über den blauen Berg erhebende fünfeckige Liniengefüge wird von einer sechseckigen Fläche überragt, die wiederum im Ölgemälde nicht vorhanden ist.

Der Grat des gelben Berges wird zweifach nachgezeichnet und wirkt dadurch unruhiger. Die Umrandungen der ihn überragenden Türme verlaufen nervöser.

Das Hinterglasbild „Kleine Freuden", 30,6 x 40,3 cm ist 1910 entstanden (3). Auf den ersten Blick glaubt man eine seitenverkehrte gegenständliche Version der Komposition IV vor sich zu haben. Dieser Eindruck wird durch das Motiv der beiden Liegenden vermittelt, das sich bei der Komposition IV nicht wie hier links, sondern rechts im Vordergrund befindet. Sicherlich haben die „Kleinen Freuden" zur Entwicklung der Komposition IV mit beigetragen, sie werden aber von Gollek (4) und Grohmann (5) als Vorstufe zu dem sich in New York befindenden Ölbild „Kleine Freuden" gerechnet, das drei Jahre nach der Hinterglasmalerei entstand, also 1913. Der größte motivische Unterschied zwischen der Hinterglasmalerei und der Komposition IV liegt in der Anordnung der Reiter. Während sie sich in der Komposition IV bekämpfen, galoppieren sie in den „Kleinen Freuden" die Berghänge hinauf, der strahlenden Sonne entgegen. „Freude" bzw. „Schlacht", werden jeweils in den linken oberen Bildteilen verdeutlicht.

Der 28,2 x 27,9 cm große Holzschnitt dürfte kurz nach dem Ölgemälde Komposition IV entstanden sein. Er trägt in der oberen Bildhälfte den Namen „Kandinsky und am unteren Bildrand die Inschrift „Kandinsky/Edition Salon Isdebsky 1911"; beide Inschriften in russischer Sprache. Dargestellt sind Fragmente von Motiven der Komposition

VI, die vereinfacht wiedergegeben sind. Dieser Holzschnitt sollte ursprünglich die Titelseite eines Kataloges zu einer beabsichtigten Kandinsky Ausstellung zieren.

DEUTUNG – „Nachträgliches Definieren"

I.   Zitat aus: W. Kandinsky, Rückblick, Baden-Baden 1955:

KOMPOSITION IV

1. Massen (Gewichtsmassen)
Farbe*: Unten Mitte – Blau (gibt dem Ganzen kalten Klang)*
*   Oben rechts – getrenntes Blau, Rot, Gelb*
Linie*: Oben links – schwarze Linien der Pferde im Knoten*
*   Unten rechts – langgezogene Linien der Liegenden*

2. Gegensätze
Der Masse zur Linie
Des Präzisen zum Verschwommenen
Des Linienknotens zum Farbknoten und
Hauptgegensatz: spitze, scharfe Bewegung (Schlacht) zu hell-kalt-süßen Farben.

3. Überfließungen
Der Farben über die Konturen.
Das vollkommene Konturieren nur der Burg wird abgeschwächt durch das Hineinfließen des Himmels über die Kontur.

4. Zwei Zentren:
1. Linienknoten,
2. Modellierte Spitze des Blau

sind voneinander durch die zwei senkrechten schwarzen Linien abgeteilt (Spieße).

Die ganze Komposition ist sehr hell gemeint mit vielen süßen Farben, die oft ineinander fließen (Auflösungen), auch das Gelb ist kalt. Dieses Helle-Süße-Kalte zum Spitz-Bewegten (Krieg) ist der Hauptgegensatz im Bilde. Hier ist dieser Gegensatz (im Vergleich zu Komposition 2) noch stärker, aber dafür auch härter (innerlich), deutlicher, was als Vorteil das präzisere Wirken hat und als Nachteil eine allzu große Deutlichkeit dieser Präzision.

HIER LIEGEN ZUGRUNDE FOLGENDE ELEMENTE:

1. Zusammenklang ruhiger Massen miteinander.
2. Ruhige Bewegung der Teile hauptsächlich nach rechts und nach oben;
3. Hauptsächlich spitze Bewegung nach links und nach oben.
4. Der Widerspruch in beiden Richtungen (in der Richtung nach rechts gehen kleinere Formen nach links u. dgl.)
5. Zusammenklang der Massen mit den Linien, die bloßliegen.
6. Gegensatz der verschwommenen Formen zu den konturierten (also Linie als Linie [5] und als Kontur, wo sie auch als Linie mitklingt).
7. Das Überfließen der Farbe über die Grenze der Form.
8. Das Überwiegen des Farbklanges über den Formklang.
9. Auflösungen.

(Ende des Zitats aus „Rückblick 1955")

II. ZU PUNKT 1 DES 1. TEILS: „LINIE"

Nach den obigen Erklärungen lässt sich in den gegeneinander gerichteten spitzen und verschlungenen Linien die „fast kinematographische Wiedergabe der raschen Bewegungen" (6) der sich aufbäumenden Pferde erkennen. Als Gegensatz zu diesen Linienknoten sind die langgezogenen Linien der Liegenden zu sehen.

Um zu erkennen, daß es sich hier um zwei Liegende handelt, sind Kandinskys Erklärungen nötig. Auf den Unvoreingenommenen wirkt dieses Motiv im Vordergrund eher wie eine im Fall nach rechts begriffene Figur.

Ein Ölgemälde von Kandinsky, 1911 entstanden, zeigt einen Akt, der große Ähnlichkeit mit diesem Motiv hat. – Zwei Liegende sind dagegen auf der schon erwähnten Hinterglasmalerei, sowie auf dem ebenfalls bereits erwähnten Holzschnitt zu erkennen.

Die uns schon bekannte erste Zeichnung zu der Komposition IV führt Kandinsky ebenfalls an mit dem Hinweis: „Linienaufbau der Komposition IV – vertikal-diagonaler-Aufstieg" (Referenz 3, S. 183).

Kandinsky spricht in seinem 2. Absatz (Gegensätze) von „Schlacht". Nach Grohmann (7) hatte die Komposition IV ursprünglich den Titel „Schlacht". Eine Rechtfertigung dieses Untertitels sieht Grohmann in den gegeneinander stürmenden Reitern und in dem wie Speere wirkenden Linienbündel, was Kandinsky mit „spitze, scharfe Bewegungen" ausdrückt.

Im dritten Abschnitt spricht Kandinsky von den „Überfließungen der Farbe über die Konturen" und weist darauf hin, wie „das vollkommene Konturieren der Burg„ abgeschwächt wird, „durch das Hineinfließen des Himmels über die Kontur."

Kandinsky spricht von der Burg und meint das fünfeckige Liniengefüge über dem blauen Berg, das ohne Erklärung auf dem zu betrachtenden Bild als Burg nicht zu erkennen ist.

Bei dem Fragment der Tate Gallery ist dieses Motiv mit Fenstern versehen und erinnert deswegen an ein Gebäude, das aufgrund seiner Ausmaße und Anordnung auf einem Berg als Burg verstanden werden kann.

Kandinsky spricht von Himmel. Schon kommt es zu der Assoziation Erde. Himmel – Erde – Landschaft –. Es stellen sich konkrete Vorstellungen ein. Wollte Kandinsky dies nicht eigentlich vermeiden? In „Rückblick" schreibt er: „Ich habe viele Jahre die Möglichkeit gesucht, den Beschauer im Bilde spazieren zu lassen, ihn in der selbstvergessenen Auflösung im Bilde zu zwingen."

Der Betrachter wird aber durch Worte wie Himmel, Berg, Burg, Pferde, Spieße, Schlacht und Krieg, wie sie Kandinsky in seiner „nachträglichen Definition" zu Komposition IV anwendet, veranlaßt, Auflösungen im Bilde zu konkretisieren.

Im vierten Abschnitt erwähnt Kandinsky die Komposition II als Vergleich zu Komposition IV. Die Gegensätze „Hell-Süß-Kalt" zum „Spitz-Bewegten" sollen in der

Komposition IV stärker hervortreten als in der Komposition II.

Die Frage, warum Kandinsky die Komposition IV mit der Komposition II vergleicht, drängt sich auf. Wie aus dem Werkverzeichnis hervorgeht, wurde die Komposition II zum ersten Mal in der Neuen Künstlervereinigung München 1910/11 ausgestellt. Der Grund des Vergleichs mag auch darin liegen, daß der Aufbau der Komposition II ähnlicher dem Aufbau der Komposition IV ist als zum Beispiel dem der Kompositionen I oder III. Die beiden Reiter im Vordergrund der Komposition II zeigen die gleiche Haltung wie bei der Komposition IV. Bei beiden Bildern befinden sich die beiden Liegenden im rechten unteren Bildviertel.

Im zweiten Teil seiner nachträglichen Definition gibt Kandinsky eine Zusammenfassung des ersten Teils. Er vermeidet aber Anspielungen auf Gegenstände und weist auf rein formale Gegebenheiten hin.

Reiter, Berge, Kastelle, Liegende, Sonnen, Brücken oder Regenbogen finden wir mehr oder weniger in jeder der ersten vier Kompositionen wieder.

In der Komposition IV ist Kandinsky in der Abstraktion dieser Motive am weitesten gegangen. Daher kann man bei der Komposition IV von einem **Bild auf der Grenze von Gegenständlichkeit und Abstraktion** sprechen.

Referenzen

1 W. Kandinsky, Rückblick, Woldemar Klein Verlag Baden-Baden 1955

2 W. Kandinsky, Punkt und Linie zu Fläche, 3. Auflage, Benteli Bern 1955

3 W. Grohmann, Wassily Kandinsky – Leben und Werk, Köln 1958

4 W. Grohmann, a.a.O., S. 119

5 W. Grohmann, a.a.O., S. 111

6 J. Lassaigne, Kandinsky (Etude biographique), Paris 1964, S. 62

7 W. Grohmann, a.a.O., S. 122

LITERATURVERZEICHNIS

Rebay, Hillary, In memory of Wassily Kandinsky, Salomon R. Guggenheim Foundation, New York 1945

Kandinsky, Wassily, Rückblick, Baden Baden 1955

Kandinsky, Wassily, Punkt und Linie zu Fläche, Bern 1955

Kandinsky, Wassily, Essays über Kunst und Künstler, (Herausg. Bill, Max), Stuttgart 1955

Eichner, Johannes, Kandinsky und Gabriele Münter, München 1957

Grohmann, Will, Wassily Kandinsky, Leben und Werk, Köln, 1958

Volbout, Pierre, Kandinsky 1896–1921, London 1963

Lassaigne, Jacques, Biographische Studie, Kandinsky, Paris 1964

Grohmann, Will, Wassily Kandinsky zum 100. Geburtstag, Akademie der Künste, Berlin, in: "Anmerkungen zur Zeit" Nr. 13, Berlin 1966

Lankheit, Klaus, „Der Blaue Reiter" von Wassily Kandinsky und Franz Marc. Dokumentarische Neuausgabe, München 1967

Kosegarten, Antje und Tigler, Peter, (Herausgeber), Festschrift Ulrich Middeldorf, Berlin 1968

Roethel, Hans K., Kandinsky, Das graphische Werk, Köln, 1970

Volpi Orlandini, Marisa, Kandinsky und der Blaue Reiter, München 1973

Kandinsky, Dialektischer Ausstellungsteil, Kunsthalle Bielefeld 1973

Der Blaue Reiter im Lenbachhaus, München 1974

Wassily Kandinsky, 1966–1974, Exposition Rétrospective, Musée National d'Art Moderne, Paris, o.J.

NACHWORT

Das Referat entstand 1975 im Hauptseminar „Der Blaue Reiter" am Kunsthistorischen Institut der Universität Karlsruhe bei Prof. Dr. Klaus Lankheit.

Die Komposition IV von Wassily Kandinsky kann in der Kunstgeschichte als besonders geeignet angesehen werden, um den Übergang von der konkreten zur abstrakten Malerei nachzuempfinden.

Die Bildanalyse nimmt sich jede Einzelheit genau vor, um sie dann bei der Synthese zur Interpretation zu verwenden. Außerdem zeigt sie, wie auch abstrakte Darstellungen so beschrieben werden sollten, daß das evtl. verlorengegangene Werk, weitgehend durch die genaue Beschreibung identifiziert werden kann.

Die Bildgeschichte versucht das Werk in der Zeitgeschichte zu positionieren, wobei Herkunft und Umfeld der Entstehung zum Erkennen der Echtheit des Werkes beitragen.

Mit der Deutung wird versucht, aufgrund der vorausgegangenen Betrachtung und Forschung, die „Sprache" des Künstlers zu verstehen.

Dr. Lieselotte Benedict